SPIELANLEITUNG

Talk-Box Vol. 9
Leben mit Kindern

neukirchener verlag

2. Auflage 2018

Neukirchen-Vluyn, www.neukirchener-verlage.de

Gestaltung & Satz: Designbüro Schweitzer Herbold
Bildnachweis: iStockphoto, Markus Pletz, Hanna E. Bauer
Printed in China

ISBN 978-3-7615-6233-8

Über Kinder und Familie redet man doch sowieso immer ...

..., oder etwa nicht? Kann sein. Aber reden alle auch miteinander und nicht nur über einander?

Versprochen: Selbst wenn ihr zu den glücklichen Kindern, Eltern, Großeltern, Tanten, Paten, Lehrerinnen und so weiter gehört, die gut miteinander im Gespräch sind: Mit diesen Karten auf dem Tisch und in der Hand werdet ihr einander Dinge sagen, die ihr noch nie (so) gesagt habt.

Welche Wünsche, Träume, Geschichten und Meinungen da zutage treten! Ihr werdet staunen. Auch Menschen, die sich ganz nah sind, können einander überraschen.

Talk-Box Vol. 9 bietet 120 Fragekarten in 12 unterschiedlichen Kategorien. Kinder und Erwachsene kommen hier buchstäblich spielend ins Gespräch.

Jede/r, der ein Kind (ab ca. 5 Jahren) ist, und jede/r, der Kinder liebt und erzieht, kann mitmachen. Aber Stopp! Bevor ihr gleich loslegt: Nicht alle Karten sind für alle Mitspieler geeignet.

Manche Fragen richten sich eher an Erwachsene; manches sollten die Eltern vielleicht sogar mal nur zu zweit besprechen. Einiges ist ganz schön heikel und eignet sich nicht für einen größeren Kreis.

Aber ganz viele Karten können jedes Gespräch in jeder Runde in Schwung bringen. Schaut die Karten einfach durch und wählt, um zu beginnen, z. B. die Kategorie *„Typisch wir"* oder *„Wisst ihr noch?"*.

Talk-Box ist ein Spiel. Aber es folgt nicht strengen Regeln, sondern lässt euch alle Freiheit. Auf den folgenden Seiten geben wir euch einige Anregungen für das, was ihr mit den Karten tun könnt. Aber lasst euch nicht davon abhalten, eigene Spielideen zu entwickeln!

Talk-Box-Spielideen

Die 120 Fragekarten sind durch Farben und Symbole in 12 verschiedene Kategorien geordnet. Die Seite, auf der das Symbol steht, nennt den Namen der Kategorie (z.B. *„Nobody is perfect"*). Die andere Seite stellt die Frage, die beantwortet werden soll.

So heißen die 12 Kategorien:

- **TYPISCH WIR**
- **DER CLAN**
- **STOFF FÜR ZOFF**
- **WISST IHR NOCH?**
- **ALLES FAMILIE!**
- **WAS ICH MIR WÜNSCHE**
- **VORSICHT, HEIKEL!**
- **UNSERE SPIELREGELN**
- **KINDER FRAGEN ELTERN**
- **ELTERN FRAGEN KINDER**
- **UND IMMER WIEDER SCHULE ...**
- **NOBODY IS PERFECT**

1. Spielidee

„Greif einfach rein!"

Alle Karten werden gemischt oder als Kategorienstapel auf den Tisch gelegt, und zwar so, dass die Fragen verdeckt nach unten zeigen. Eine/r beginnt und zieht eine Karte, liest still die Frage (bei Nichtgefallen darf zweimal eine andere Karte gezogen werden) und …

Variante A: … liest die Frage nun laut und beantwortet sie selbst. Anschließend ist die Person an der Reihe, die links daneben sitzt.

Variante B: … bittet eine andere Person aus der Gruppe, die Frage zu beantworten.

Variante C: … beantwortet die Frage selbst und bittet zusätzlich eine andere Person aus der Gruppe, diese Frage auch zu beantworten.

Bei Variante B und C zieht nun derjenige eine Karte, der zuletzt geantwortet hat.

Variante D: Die Karten liegen mit den Fragen nach oben aus, so dass jeder sich jeweils gezielt eine Frage aussuchen kann, die er nach den oben genannten Möglichkeiten beantwortet bzw. beantworten lässt.

2. Spielidee

„Das interessiert uns besonders"

Eine Person, die das Gespräch vorbereitet, wählt eine Talk-Box-Kategorie oder einzelne Karten aus, um dem Gespräch über ein bestimmtes Thema Impulse zu geben.

Die Karte *„Stimmt oder stimmt nicht? – Hausaufgaben sind eine Sache zwischen Schülern und Lehrern. Eltern sollten damit nichts zu tun haben"* könnte z. B. als Gesprächseinstieg beim Elternabend dienen. Die Aufforderung *„Sage der Person, die rechts neben dir sitzt, was du an ihr besonders magst"* kann bei einem Familienfest als positive Einstimmung dienen. Und wie entwickelt sich wohl das Gespräch bei Omas 80. Geburtstag oder beim Auszug eines Kindes, wenn einer diese Karte auf den Kaffeetisch legt? *„Wenn ich mir einen Tag aussuchen dürfte, den wir alle gemeinsam noch einmal erleben …"*

3. Spielidee

„Ich möchte wissen, was du denkst."

Die Karten werden mit der Frageseite nach oben auf dem Tisch ausgelegt. Jeder Mitspieler sucht sich eine Karte aus. Dann beantwortet jeder in der Runde die Frage, die ausgewählt wurde.

Oder: Ein Mitspieler sucht selbst 2 bis 3 Karten aus, die nun reihum von allen beantwortet werden.

4. Spielidee

„Lasst die Würfel entscheiden!“

Man braucht einen Würfel und sechs kleine Zettel, jeweils nummeriert mit einer der Zahlen zwischen 1 und 6.

Ein Mitspieler sucht 6 Karten aus und legt sie auf je einen Zettel. Nun wird reihum gewürfelt. Wer eine Fünf würfelt, beantwortet die Frage 5, wer eine Eins würfelt, die Frage 1 etc. So kann man mehrere Würfelrunden spielen. Nach Lust und Laune können auch sechs neue Karten ausgesucht werden.

Und immer gilt:

1. Alles geschieht freiwillig.
2. Wer nicht mitspielen möchte, ist herzlich eingeladen, nur dabeizusitzen.
3. Man darf zweimal eine neue Karte ziehen, wenn man die vorherige nicht beantworten möchte oder kann.
4. Macht euch keinen Stress! Nehmt euch die Karten vor, die euch spontan ansprechen, und nur so viele, dass auch Gespräche „zwischen den Karten" möglich sind. Wenn ihr nach zwei oder drei Karten bei einem Thema „hängenbleibt", ist das nicht schlimm. Im Gegenteil: Dann hat das Spiel seinen Zweck erreicht.

Wer war's?

Claudia Filker ist Pastorin, Kommunikationstrainerin für Paare und arbeitet mit verschiedenen Gruppen. Sie lebt in Berlin.

Hanna Schott ist Autorin vieler erfolgreicher Bücher für Kinder und Erwachsene und lebt in Haan/Rheinland.

Almut Schweitzer-Herbold aus Wuppertal ist ihre eigene Chefin. Als Kommunikationsdesignerin hat sie die Talk-Boxen gestaltet.

Zusammen haben sie 12 Kinder und 12 Enkel.

www.neukirchener-verlage.de

WAS ICH MIR WÜNSCHE

Wenn mein größter Wunsch
in Erfüllung ginge ...

WAS ICH MIR WÜNSCHE

Tausche den Platz mit
einer Person in der Runde
und sage für sie:
Mein großer Wunsch ist ...

WAS ICH MIR WÜNSCHE

So will ich leben,
wenn ich erwachsen bin:

WAS ICH MIR WÜNSCHE

Wenn ich ganz viel Geld
geschenkt bekäme,
würde ich für jeden von
euch etwas kaufen:

WAS ICH MIR WÜNSCHE

Wenn ich zaubern könnte, würde ich unsere Wohnung/ unser Haus so verändern:

WAS ICH MIR WÜNSCHE

In meiner Fantasie reise ich jetzt mit euch an den schönsten Ort, den ich mir vorstellen kann:

WAS ICH MIR WÜNSCHE

Wenn Geld keine Rolle spielen würde, könnten wir alle zusammen mal ...

WAS ICH MIR WÜNSCHE

Der ideale Familiensonntag ...

WAS ICH MIR WÜNSCHE

Wenn ich ein Problem einfach wegzaubern könnte ...

UND IMMER WIEDER SCHULE ...

Stimmt oder stimmt nicht?

Die meisten Lehrer gehen selber nicht gern zur Schule.

UND IMMER WIEDER SCHULE ...

In einer idealen Schule gäbe es (kein/e) ...

UND IMMER WIEDER SCHULE ...

Wozu braucht man eigentlich Schule?

UND IMMER WIEDER SCHULE …

Erstklässler sind neugierig und kreativ. Zehntklässler sind ...

UND IMMER WIEDER SCHULE ...

Der beste Lehrer/die beste Lehrerin, die ich kenne …

UND IMMER WIEDER SCHULE ...

Wenn ich ein neues Schulfach einführen dürfte ...

UND IMMER WIEDER SCHULE ...

Wenn ich ein Schulfach abschaffen dürfte ...

UND IMMER WIEDER SCHULE ...

Stimmt oder stimmt nicht?

Das Abitur ist völlig überbewertet.

UND IMMER WIEDER SCHULE ...

Stimmt oder stimmt nicht?

Hausaufgaben sind eine Sache zwischen Schülern und Lehrern. Eltern sollten damit nichts zu tun haben.

UND IMMER WIEDER SCHULE ...

Stimmt oder stimmt nicht?

Noten sind vor allem ein Druckmittel.

TYPISCH WIR

Wenn wir eine Tierfamilie
wären, wären wir ...

TYPISCH WIR

Ein Ort, den alle in unserer Familie lieben, ist ...

TYPISCH WIR

Um Gott geht es bei uns ...

... fast nie.
... regelmäßig.
... bei den großen Festen.

TYPISCH WIR

Wer aus unserer Familie ...

... sorgt für gute Stimmung?
... ist ein guter Streitschlichter?
... merkt besonders gut, wie es den anderen geht?

TYPISCH WIR

Sage der Person, die links neben dir sitzt, was sie besonders gut kann (kein Schulfach!).

TYPISCH WIR

Sage der Person, die rechts neben dir sitzt, was du an ihr besonders magst.

TYPISCH WIR

Das ist in unserer Familie
ganz toll:

TYPISCH WIR

Der Chef
in unserer Familie ist ...

TYPISCH WIR

Die schönste Tageszeit ist bei uns … / Die stressigste Tageszeit ist bei uns …

TYPISCH WIR

Diese drei Dinge sind für unsere Familie typisch:

TYPISCH WIR

Zum Weihnachtsfest gehört bei uns, dass ...

TYPISCH WIR

In unserer Familie sind alle ...

DER CLAN

Wenn ich mir vorstelle, wir würden mit drei Generationen unter einem Dach leben ...

DER CLAN

Unser Familienname
ist für mich ...

DER CLAN

Das möchte ich aufheben,
weil es eine Familien-
erinnerung ist:

DER CLAN

Mamas Familie kommt aus ...
Papas Familie kommt aus ...

DER CLAN

Das älteste noch lebende
Mitglied unserer Familie
heißt ...

DER CLAN

Große Familienfeste finde ich ...

... stressig.
... lustig.
... überflüssig.
... super.
... langweilig.

...

DER CLAN

Der »Kümmerer« in unserer Großfamilie ist ...

DER CLAN

Ich mag es sehr,
wenn Oma/ wenn Opa ...

STOFF FÜR ZOFF

Nach einem Streit geht es mir wieder gut, wenn …

STOFF FÜR ZOFF

Was meinst du?

Jedes Kind sollte selbst bestimmen, wie ordentlich oder unordentlich sein Zimmer ist.

STOFF FÜR ZOFF

Was meinst du?

Eltern müssen festlegen, wie lange ihre Kinder online sein dürfen.

STOFF FÜR ZOFF

Was meinst du?

Wenn die Erwachsenen mehr Ahnung von Computerspielen hätten, bräuchten sie sie nicht zu fürchten.

STOFF FÜR ZOFF

Was meinst du?

Jedes Kind sollte selbst bestimmen, ob es zum Religionsunterricht, Konfirmandenunterricht, Gottesdienst usw. geht.

STOFF FÜR ZOFF

Was meinst du?

Kinder wissen doch selbst am besten, was und wann sie essen wollen und wann sie müde sind.

STOFF FÜR ZOFF

Streit in der Familie ...

... lässt sich fast immer vermeiden.
... gehört einfach dazu.
... ist ein Training fürs Leben.

STOFF FÜR ZOFF

Wenn Kinder streiten,
sollten Erwachsene ...

STOFF FÜR ZOFF

Am ehesten bekommen wir Streit, wenn ...

STOFF FÜR ZOFF

Wenn es wegen Geld Ärger gibt, dann geht es meistens um ...

STOFF FÜR ZOFF

Wenn Mama und Papa
sich streiten ...

WISST IHR NOCH?

Das schönste Fest, das wir zusammen gefeiert haben, war für mich ...

WISST IHR NOCH?

Das war ein richtig schöner
Urlaub/Urlaubstag:

WISST IHR NOCH?

Wenn ich mir einen Tag aussuchen dürfte, den wir alle gemeinsam noch einmal erleben ...

WISST IHR NOCH?

Als ich mal krank war ...

WISST IHR NOCH?

Sollen wir noch mal
wie früher ...?

WISST IHR NOCH?

Wenn ich etwas in unserer
Familie ungeschehen machen
könnte, dann ...

WISST IHR NOCH?

Der erste Geburtstag, an den ich mich erinnern kann, ...

WISST IHR NOCH?

Wisst ihr noch, als wir vergessen hatten ...?

WISST IHR NOCH?

An einem völlig verregneten
Urlaubstag haben wir mal ...

WISST IHR NOCH?

Wisst ihr, was mal ganz schrecklich für mich war?

ALLES FAMILIE!

Ich finde, zu einer Familie gehören auch ...

ALLES FAMILIE!

Zu einer »richtigen« Familie gehören mindestens ... Personen.

ALLES FAMILIE!

Ein Kind zu adoptieren ...

ALLES FAMILIE!

Eine Mutter/ein Vater, die/der mit den Kindern allein lebt ...

... hat es leichter, weil ...
... hat es schwerer, weil ...

ALLES FAMILIE!

In einer Patchworkfamilie
zu leben ...

... ist lustiger, weil ...
... ist stressiger, weil ...

ALLES FAMILIE!

»Stiefvater« und »Stiefmutter« hört sich so negativ an. Ich hätte einen anderen Vorschlag: …

ALLES FAMILIE!

Was meinst du?

Stiefgeschwister fühlen sich weniger verbunden als »echte« Geschwister.

ALLES FAMILIE!

Was meinst du?

Freunde sind manchmal genauso wichtig wie die Familie.

ELTERN FRAGEN KINDER

Denkt ihr manchmal: Wenn ich Mama/wenn ich Papa wäre, würde ich das oder das ganz anders machen?

ELTERN FRAGEN KINDER

Wann findest du mich peinlich?

ELTERN FRAGEN KINDER

Warst du schon mal
total stolz auf mich?

ELTERN FRAGEN KINDER

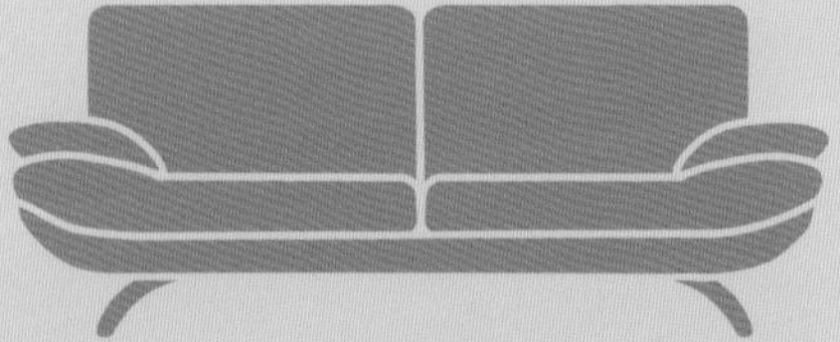

Wenn wir zwei miteinander einen besonderen Tag verbringen könnten: Was würdest du dir wünschen?

ELTERN FRAGEN KINDER

Welchen Satz kannst du nicht mehr hören?

ELTERN FRAGEN KINDER

Was ist der Satz,
den du am liebsten
von mir hörst?

ELTERN FRAGEN KINDER

Was macht Papa anders als Mama?
Was macht Mama anders als Papa?

VORSICHT, HEIKEL!

Was meinst du?

Kinder sollten in den ersten drei Lebensjahren in der Familie betreut werden.

VORSICHT, HEIKEL!

Was meinst du?

Es gibt Dinge, über die sollte man nicht sprechen.

VORSICHT, HEIKEL!

Was meinst du?

Bevor Großeltern ihren Enkeln Geschenke machen, sollten sie sich mit den Eltern abstimmen.

VORSICHT, HEIKEL!

Woran merkst du, dass deine Eltern dich lieb haben?

VORSICHT, HEIKEL!

Was meinst du?

Alle in der Familie sollten mitbestimmen dürfen, wofür Geld ausgegeben wird.

VORSICHT, HEIKEL!

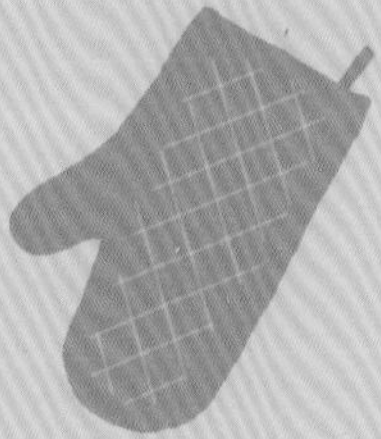

Was meinst du?

Eltern sollten ihre Kinder möglichst gleich behandeln.

VORSICHT, HEIKEL!

Was meinst du?

Eltern lieben ihre Kinder nicht alle gleich.

VORSICHT, HEIKEL!

Es macht mich traurig,
dass in unserer Familie ...

VORSICHT, HEIKEL!

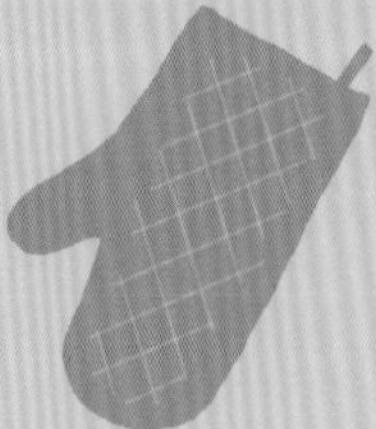

Was meinst du?

Wenn beide Eltern (voll) berufstätig sind, leidet das Familienleben.

VORSICHT, HEIKEL!

Was meinst du?

In Erziehungsfragen sollte sich niemand von außerhalb der Familie einmischen.

VORSICHT, HEIKEL!

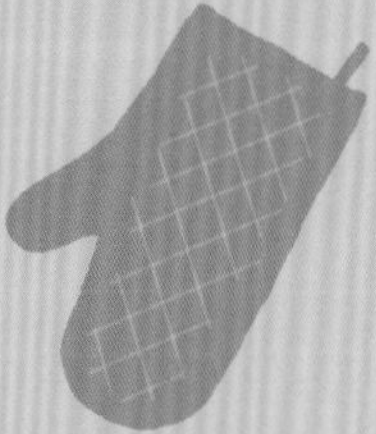

Was meinst du?

Eine Familie sollte nicht vom Geld der Großeltern abhängig sein.

NOBODY IS PERFECT

Könnte dieser Satz von mir sein?

Wenn ich andere Mütter oder Väter erlebe, habe ich manchmal ein schlechtes Gewissen.

NOBODY IS PERFECT

Könnte dieser Satz von mir sein?

Eigentlich bin ich nur eine halb gute Mutter/ein halb guter Vater. Aber das ist schon richtig gut!

NOBODY IS PERFECT

Könnte dieser Satz von mir sein?

Ich hätte nicht gedacht, dass ich als Vater/als Mutter manchmal so ausrasten würde.

NOBODY IS PERFECT

Ich wünsche mir, dass meine Kinder später einmal sagen: ...

NOBODY IS PERFECT

Kinder zu haben ist ein Glück.
Dafür verzichte ich gern auf ...

NOBODY IS PERFECT

Stimmt oder stimmt nicht?

Es müsste für Eltern so etwas wie den Führerschein, eine Art Elternschein geben.

NOBODY IS PERFECT

Stimmt oder stimmt nicht?

Eltern, die ein religiöses oder weltanschauliches Fundament haben, fällt die Erziehung leichter.

NOBODY IS PERFECT

Diese Idealvorstellung von Familie/Elternsein stresst mich besonders:

NOBODY IS PERFECT

Stimmt oder stimmt nicht?

Familienleben könnte viel entspannter sein, wenn alle Aufgaben klar verteilt wären.

NOBODY IS PERFECT

Stimmt oder stimmt nicht?

Man wird von Kind zu Kind gelassener.

NOBODY IS PERFECT

Könnte dieser Satz von mir sein?

Ehe ich mein Kind dreimal um etwas bitte, mache ich es lieber selbst.

NOBODY IS PERFECT

Könnte dieser Satz von mir sein?

Man tut doch schließlich
alles für sein Kind.

NOBODY IS PERFECT

Könnte dieser Satz von mir sein?

Ich weiß oft gar nicht, was das Richtige für mein Kind ist.

NOBODY IS PERFECT

Könnte dieser Satz von mir sein?

Ich habe oft Sorge,
in der Erziehung etwas
falsch zu machen.

NOBODY IS PERFECT

Könnte dieser Satz von mir sein?
Erziehen war früher leichter.

KINDER FRAGEN ELTERN

Wann habt ihr euch
das erste Mal geküsst?

KINDER FRAGEN ELTERN

Gibt es etwas, das ihr unbedingt anders machen wollt, als eure Eltern es damals gemacht haben?

KINDER FRAGEN ELTERN

Wart ihr als Kinder meistens glücklich?

KINDER FRAGEN ELTERN

Womit/was habt ihr als Kinder am liebsten gespielt?

KINDER FRAGEN ELTERN

Wovor hattet ihr
als Kinder Angst?

KINDER FRAGEN ELTERN

Was war richtig blöd,
als ihr klein wart?

KINDER FRAGEN ELTERN

Gibt es etwas, das ihr von uns lernen könnt?

KINDER FRAGEN ELTERN

Hattet ihr eine beste Freundin/
einen besten Freund?

KINDER FRAGEN ELTERN

Fandet ihr, dass ihr »strenge Eltern« hattet?

UNSERE SPIELREGELN

Soll diese Regel bei uns gelten?

Ich bedanke mich für jedes Geschenk, auch wenn es mir nicht so gefällt.

UNSERE SPIELREGELN

Soll diese Regel bei uns gelten?

Jeder hat das Recht auf Geheimnisse. Deshalb soll niemand in den Schränken und Schubladen der anderen herumkramen.

UNSERE SPIELREGELN

Soll diese Regel bei uns gelten?

Wer das Zimmer eines anderen betritt, klopft vorher an.

UNSERE SPIELREGELN

Soll diese Regel bei uns gelten?

Wer das Haus verlässt,
sagt, wohin er geht.

UNSERE SPIELREGELN

Soll diese Regel bei uns gelten?

Bei den Mahlzeiten trägt
niemand eine
Kappe oder Mütze.

UNSERE SPIELREGELN

Soll diese Regel bei uns gelten?

Die Eltern dürfen immer prüfen, wo die Kinder im Internet unterwegs sind.

UNSERE SPIELREGELN

Soll diese Regel bei uns gelten?

Morgens begrüßen wir uns,
und abends sagen wir uns
Gute Nacht.

UNSERE SPIELREGELN

Soll diese Regel bei uns gelten?

Wir beginnen und beenden unsere Mahlzeiten gemeinsam.

UNSERE SPIELREGELN

Soll diese Regel bei uns gelten?

Bei den Mahlzeiten schaut niemand aufs Handy.

UNSERE SPIELREGELN

Soll diese Regel bei uns gelten?

Jeder übernimmt im Haushalt bestimmte Aufgaben.